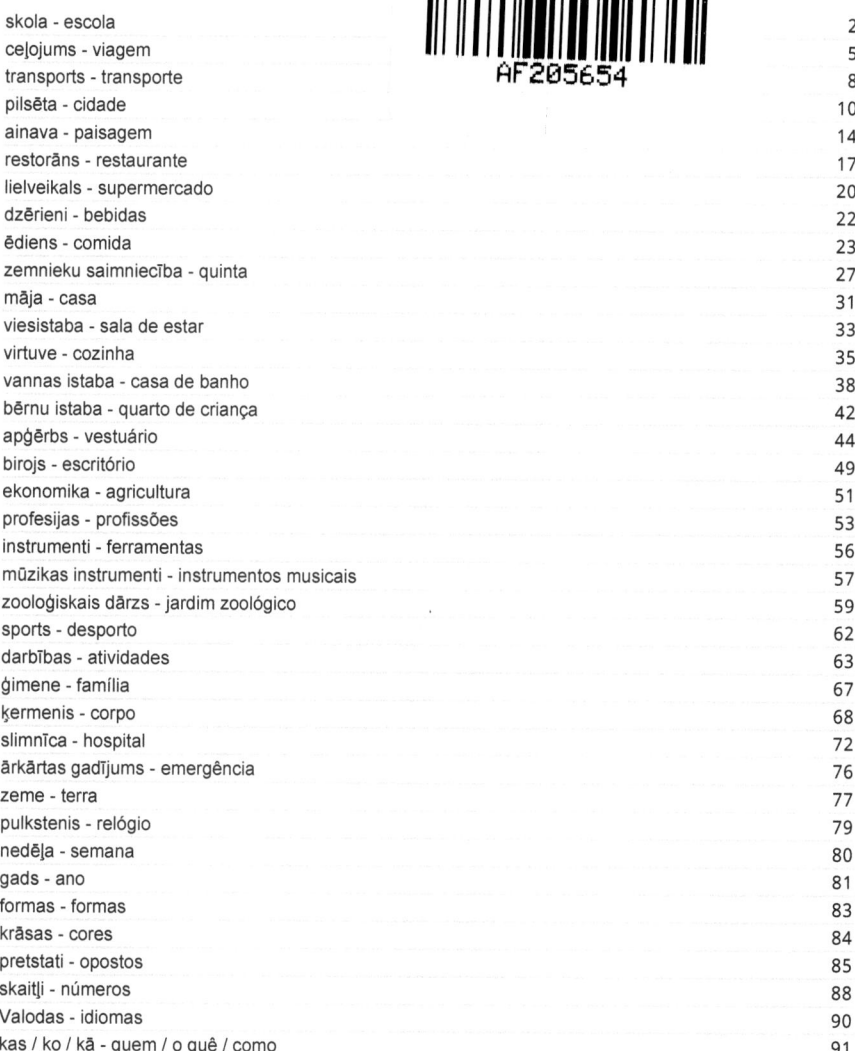

Impressum
Verlag: BABADADA GmbH, Nedderfeld 112 , 22529 Hamburg
Geschäftsführer / Verlagsleitung: Harald Hof
Druck: Books on Demand GmbH, In de Tarpen 42, 22848 Norderstedt

Imprint
Publisher: BABADADA GmbH, Nedderfeld 112 , 22529 Hamburg, Germany
Managing Director / Publishing direction: Harald Hof
Print: Books on Demand GmbH, In de Tarpen 42, 22848 Norderstedt, Germany

skola

escola

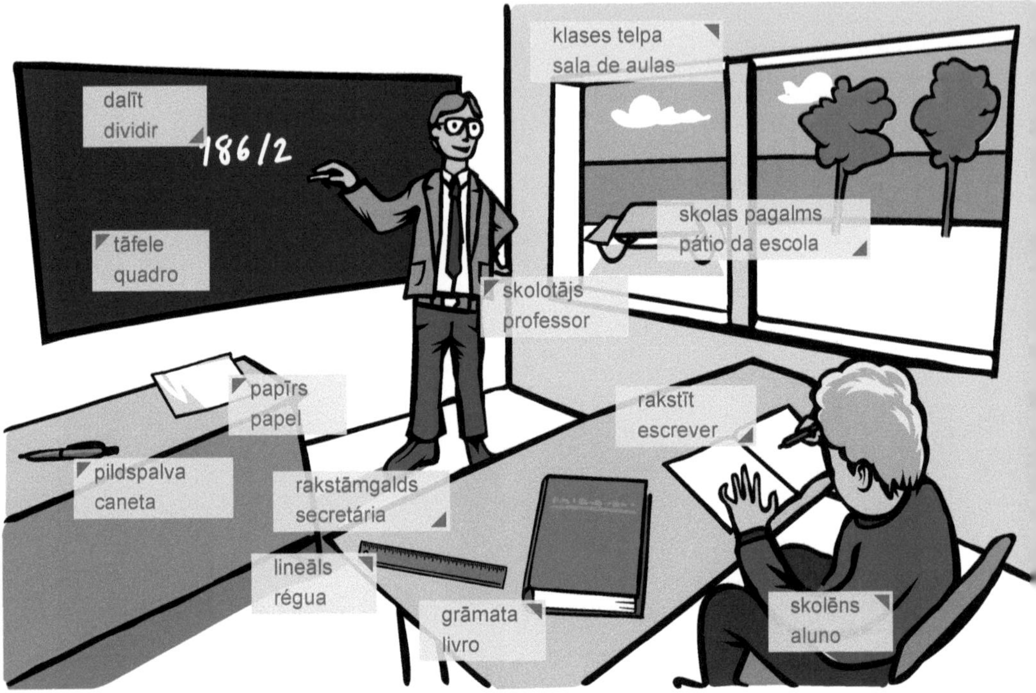

klases telpa
sala de aulas
dalīt
dividir
186/2
tāfele
quadro
skolas pagalms
pátio da escola
skolotājs
professor
papīrs
papel
rakstīt
escrever
pildspalva
caneta
rakstāmgalds
secretária
lineāls
régua
grāmata
livro
skolēns
aluno

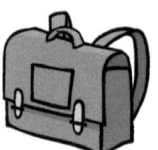

skolas soma

mochila

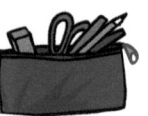

penālis

estojo de lápis

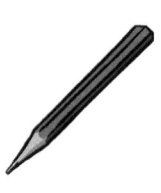

zīmulis

lápis

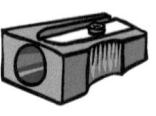

zīmuļu asināmais

afia-lápis

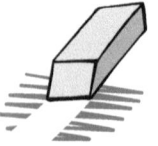

dzēšgumija

borracha

zīmēšanas bloks

bloco de desenho

zīmējums

desenho

ota

pincel

krāsas

caixa de tintas

šķēres

tesoura

līme

cola

darba burtnīca

livro de exercícios

mājas darbs

trabalhos de casa

12

skaitlis

número

2+2

saskaitīt

somar

atņemt

subtrair

reizināt

multiplicar

rēķināt

calcular

burts

letra

ABCDEFG
HIJKLMN
OPQRSTU
VWXYZ

alfabēts

alfabeto

vārds

palavra

teksts

texto

lasīt

ler

krīts

giz

mācību stunda

hora

žurnāls

registo de presenças

eksāmens

exame

liecība

certificado

skolas forma

uniforme escolar

izglītība

educação

enciklopēdija

enciclopédia

universitāte

universidade

mikroskops

microscópio

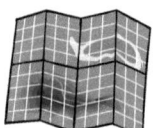

karte

mapa

papīrgrozs

cesto de lixo

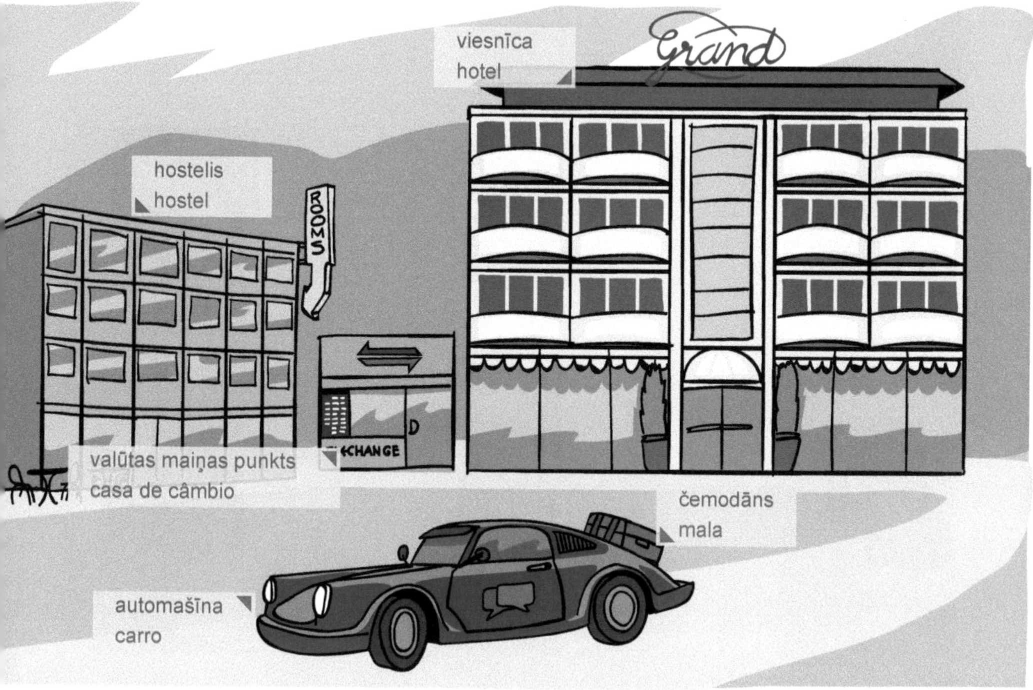

viesnīca
hotel
Grand
hostelis
hostel
ROOMS
EXCHANGE
valūtas maiņas punkts
casa de câmbio
čemodāns
mala
automašīna
carro

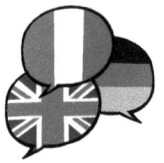

Valoda

idioma

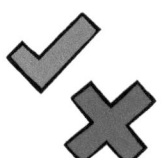

jā / nē

sim / não

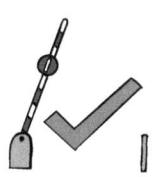

Okay

ok / certo / correto

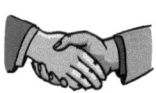

Sveiki!

olá

tulks

intérprete

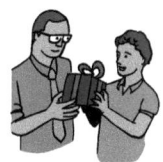

paldies

obrigado

Cik maksā...?

quanto é que custa... ?

Es nesaprotu

não entendo

problēma

problema

Labvakar!

boa noite!

Labrīt!

Bom dia!

Ar labu nakti!

Boa noite!

Uz redzēšanos

adeus

virziens

direção

bagāža

bagagem

soma

saco

mugursoma

mochila

viesis

convidado

istaba

quarto

guļammaiss

saco-cama

telts

tenda

tūrisma informācija

informação turística

pludmale

praia

kredītkarte

cartão de crédito

brokastis

pequeno-almoço

pusdienas

almoço

vakariņas

jantar

biļete

bilhete

lifts

elevador

pastmarka

selo postal

robeža

fronteira

muita

alfândega

vēstniecība

embaixada

vīza

visto

pase

passaporte

transports

transporte

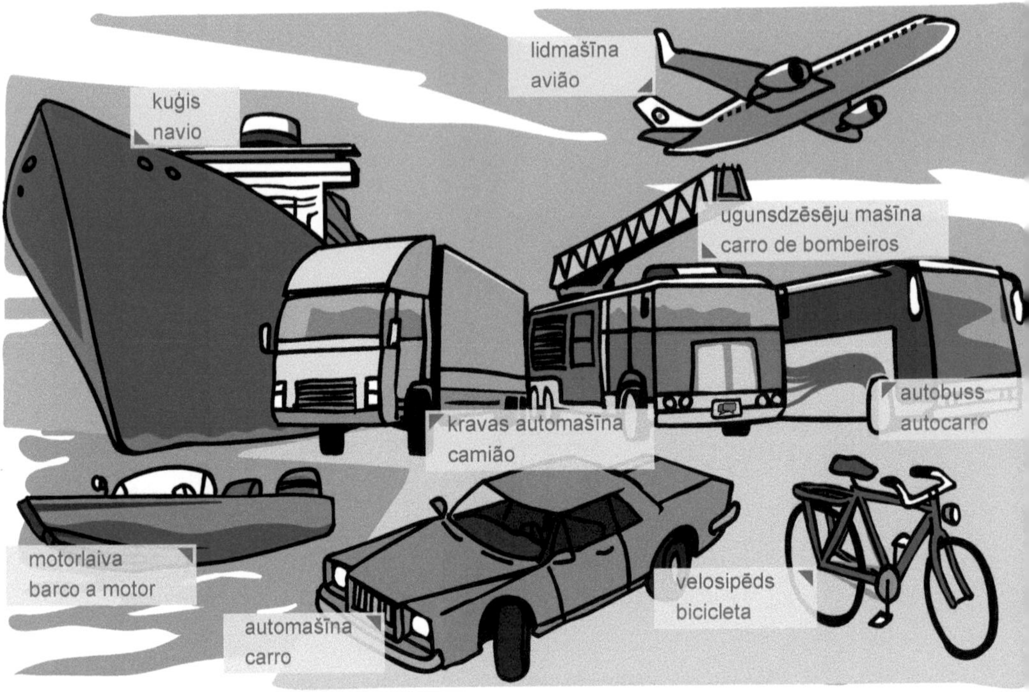

lidmašīna
avião
kuģis
navio
ugunsdzēsēju mašīna
carro de bombeiros
autobuss
autocarro
kravas automašīna
camião
motorlaiva
barco a motor
velosipēds
bicicleta
automašīna
carro

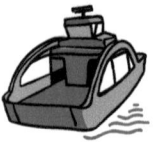

prāmis

cacilheiro

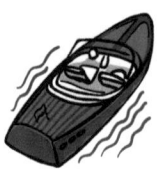

laiva

barco

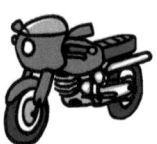

motocikls

mota

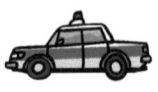

policijas automašīna

carro de polícia

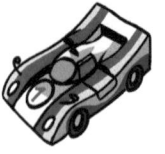

sacīkšu automobilis

carro de corrida

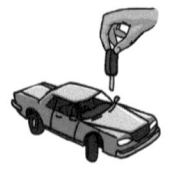

nomas auto

carro alugado

auto koplietošana

carsharing

evakuators

camião de reboque

atkritumu mašīna

camião do lixo

dzinējs

motor

benzīns

combustível

degvielas uzpildes stacija

estação de serviço

ceļa zīme

sinal de trânsito

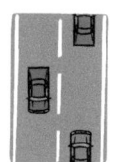

satiksme

trânsito

sastrēgums

congestionamento de trânsito

stāvvieta

parque de estacionamento

dzelzceļa stacija

estação ferroviária

sliedes

carris

vilciens

comboio

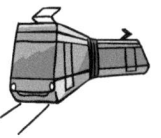

tramvajs

elétrico

vagons

carruagem

helikopters

helicóptero

lidosta

aeroporto

tornis

torre

pasažieris

passageiro

konteiners

contentor

kaste

caixa de papelão

ratiņi

carrinho

grozs

cesto

pacelties / nosēsties

levantar voo / aterrar

pilsēta
cidade

ciems

aldeia

pilsētas centrs

centro da cidade

māja

casa

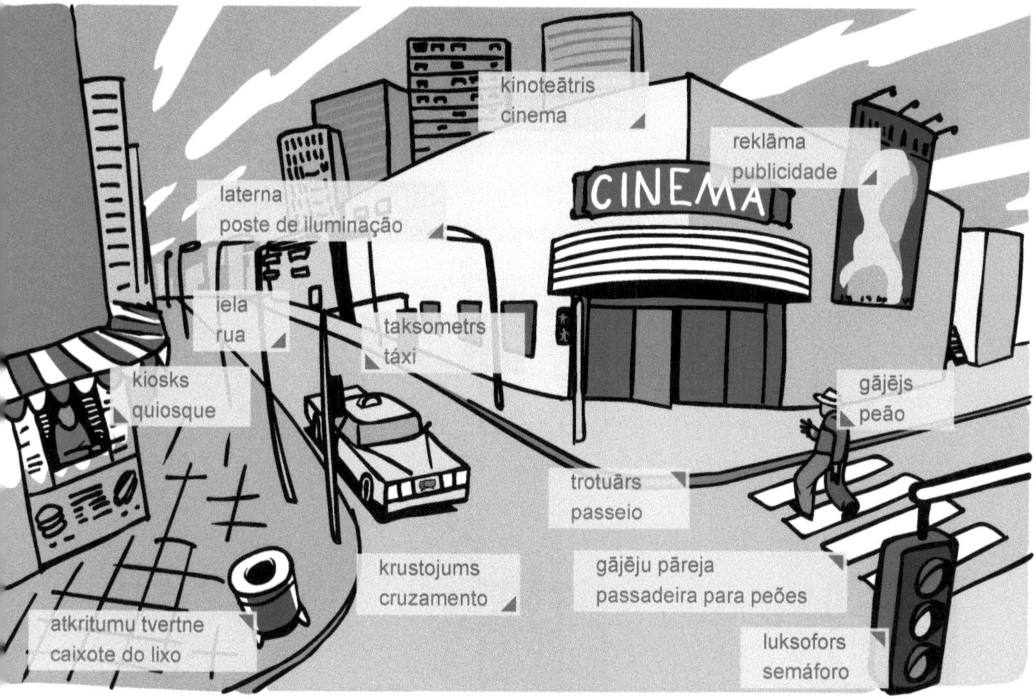

kinoteātris
cinema

reklāma
publicidade

laterna
poste de iluminação

CINEMA

iela
rua

taksometrs
táxi

kiosks
quiosque

gājējs
peão

trotuārs
passeio

krustojums
cruzamento

gājēju pāreja
passadeira para peões

atkritumu tvertne
caixote do lixo

luksofors
semáforo

būda
....
cabana

dzīvoklis
....
apartamento

dzelzceļa stacija
....
estação ferroviária

rātsnams
....
câmara municipal

muzejs
....
museu

skola
....
escola

pilsēta - cidade

11

universitāte

universidade

banka

banco

slimnīca

hospital

viesnīca

hotel

aptieka

farmácia

birojs

escritório

grāmatnīca

livraria

veikals

loja

ziedu veikals

florista

lielveikals

supermercado

tirgus

mercado

tirdzniecības centrs

loja de departamentos

zivju tirgotājs

peixaria

tirdzniecības centrs

centro comercial

osta

porto

pilsēta - cidade

parks
parque

sols
banco

tilts
ponte

kāpnes
escadas

metro
metro

tunelis
túnel

autobusa pieturvieta
paragem de autocarro

bārs
bar

restorāns
restaurante

pastkastīte
caixa de correio

ielas nosaukuma plāksne
sinal de trânsito

stāvlaika skaitītājs
parquímetro

zooloģiskais dārzs
jardim zoológico

peldbaseins
piscina

mošeja
mesquita

zemnieku saimniecība
quinta

vides piesārņojums
poluição

kapsēta
cemitério

baznīca
igreja

spēļu laukums
parque infantil

templis
templo

ainava
paisagem

lapa
folha

ceļrādis
placa de sinalização

ceļš
caminho

pļava
prado

akmens
pedra

koks
árvore

ceļotājs
caminhantes

upe
rio

zāle
relva

puķe
flor

ieleja
vale

kalns
montanha

ezers
lago

mežs
floresta

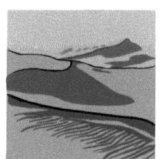

tuksnesis
deserto

vulkāns
vulcão

pils
castelo

varavīksne
arco-íris

sēne
cogumelo

palma
palma

moskīts
mosquito

muša
mosca

skudra
formiga

bite
abelha

zirneklis
aranha

vabole

besouro

varde

sapo

vāvere

esquilo

ezis

ouriço

zaķis

lebre

pūce

coruja

putns

pássaro

gulbis

cisne

meža cūka

javali

briedis

veado

alnis

alce

aizsprosts

barragem

vēja ģenerators

turbina eólica

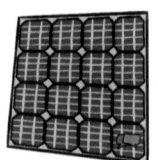

saules baterija

painel solar

klimats

clima

restorāns
restaurante

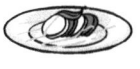

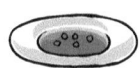

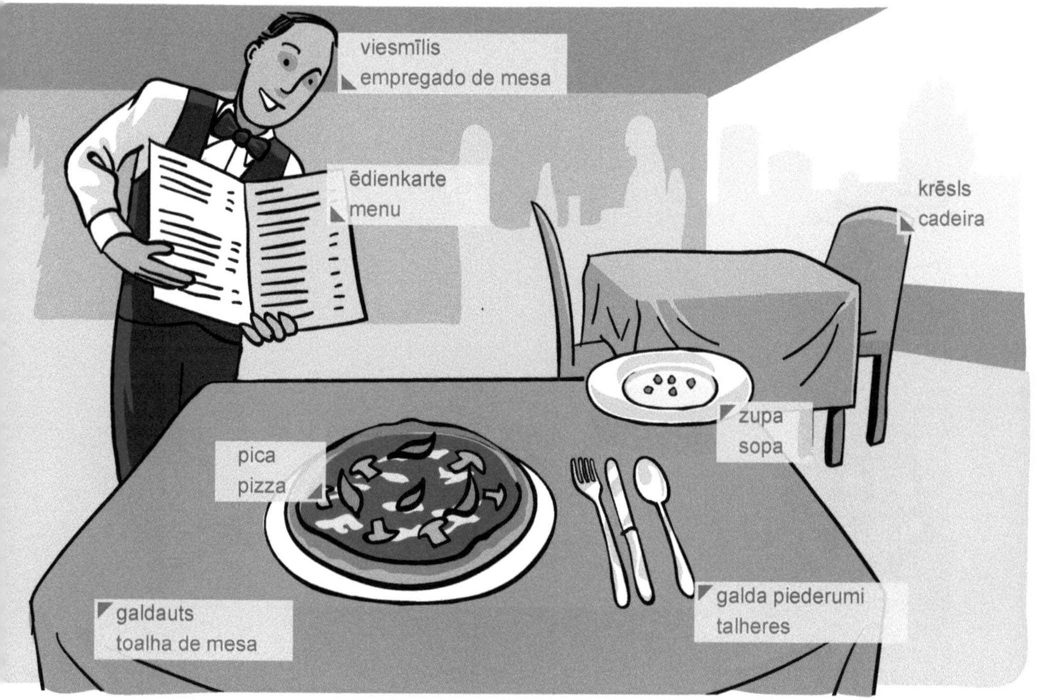
viesmīlis
empregado de mesa
ēdienkarte
menu
krēsls
cadeira
zupa
sopa
pica
pizza
galdauts
toalha de mesa
galda piederumi
talheres

uzkoda

entrada

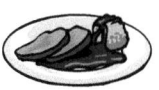

pamatēdiens

prato principal

deserts

sobremesa

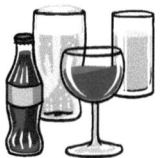

dzērieni

bebidas

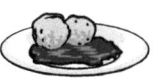

ēdiens

comida

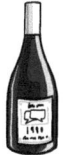

pudele

garrafa

ātrās uzkodas

fast food

ielu uzkodas

comida de rua

tējkanna

bule de chá

cukurtrauks

açucareiro

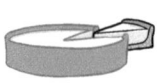

porcija

porção

espresso kafijas automāts

máquina de café expresso

bāra krēsls

cadeira alta

rēķins

conta

paplāte

bandeja

nazis

faca

dakša

garfo

karote

colher

tējkarote

colher de chá

salvete

guardanapo

glāze

copo

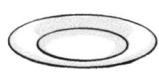

šķīvis
prato

zupas šķīvis
prato de sopa

apakštase
pires

mērce
molho

sāls trauciņš
saleiro

piparu dzirnaviņas
moinho de pimenta

etiķis
vinagre

eļļa
óleo

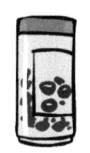

garšvielas
especiarias

kečups
ketchup

sinepes
mostarda

majonēze
maionese

lielveikals

supermercado

piedāvājums
oferta especial
FOR
klients
cliente
piena produkti
laticínios
augļi
fruta
iepirkumu ratiņi
carrinho de compras

BUTCHERS

kautuve

talho

BAKERY

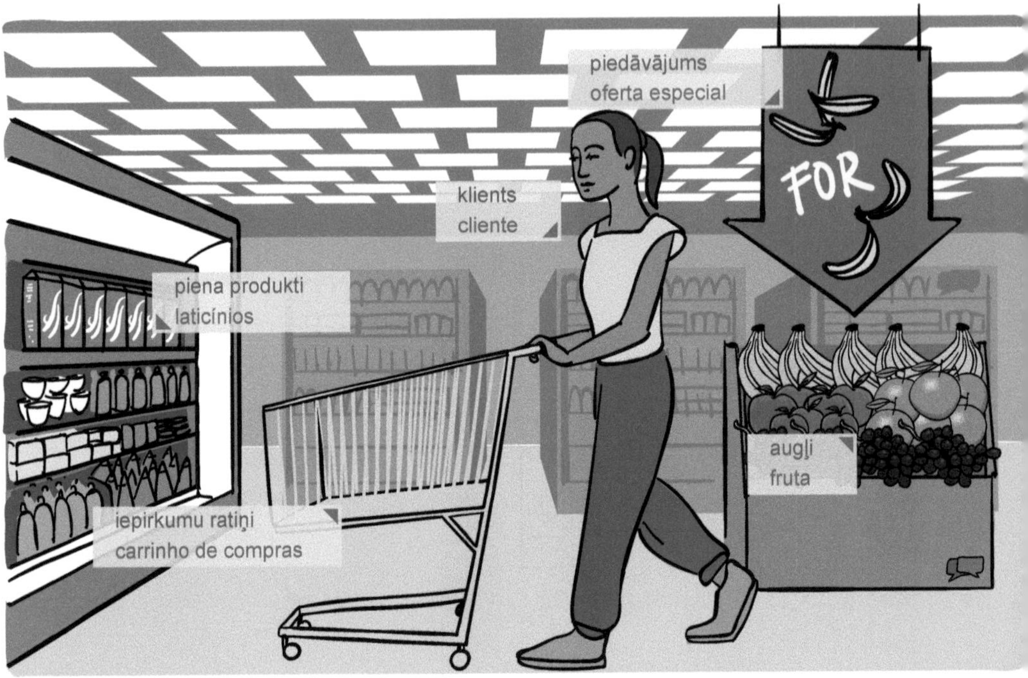

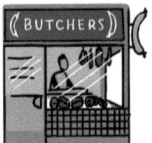

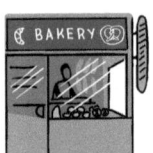

maizes veikals

padaria

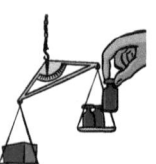

svērt

pesar

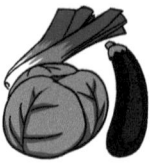

dārzeņi

vegetais

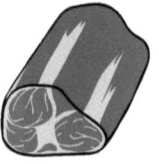

gaļa

carne

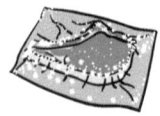

saldēti produkti

alimentos congelados

aukstās gaļas uzkodas

charcutaria

konservi

comida enlatada

pulveris

detergente em pó

saldumi

doces

mājsaimniecības preces

artigos domésticos

tīrīšanas līdzeklis

produtos de limpeza

pārdevēja

vendedora

kase

caixa

kasieris

caixa

iepirkumu saraksts

lista de compras

darba laiks

horário de funcionamento

maks

carteira

kredītkarte

cartão de crédito

soma

saco

maisiņš

saco de plástico

ūdens

água

sula

sumo

piens

leite

kola

coca-cola

vīns

vinho

alus

cerveja

alkohols

álcool

kakao

cacau

tēja

chá

kafija

café

espresso

café expresso

kapučīno

capuccino

banāns
banana

ābols
maçã

apelsīns
laranja

melone
melão

citrons
limão

burkāns
cenoura

ķiploks
alho

bambuss
bambu

sīpols
cebola

sēne
cogumelo

rieksti
nozes

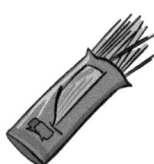

makaroni
talharim

spageti

esparguete

rīsi

arroz

salāti

salada

frī kartupeļi

batatas fritas

cepti kartupeļi

batatas fritas

pica

pizza

hamburgers

hambúrguer

sviestmaize

sanduíche

šnicele

bife panado

šķiņķis

fiambre

salami

salame

desa

salsicha

vista

galinha

cepetis

assado

zivs

peixe

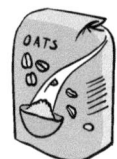

auzu pārslas

flocos de aveia

muslis

muesli

brokastu pārslas

flocos de milho

milti

farinha

radziņš

croissant

brokastu maizītes

carcaça (pãozinho)

maize

pão

tostermaize

torrada

cepumi

biscoitos

sviests

manteiga

biezpiens

requeijão

kūka

bolo

ola

ovo

cepta ola

ovo estrelado

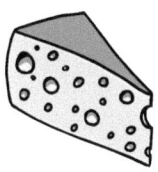

siers

queijo

saldējums

gelado

cukurs

açúcar

medus

mel

marmelāde

compota

riekstu krēms

creme de nougat

karijs

caril

zemnieku saimniecība
quinta

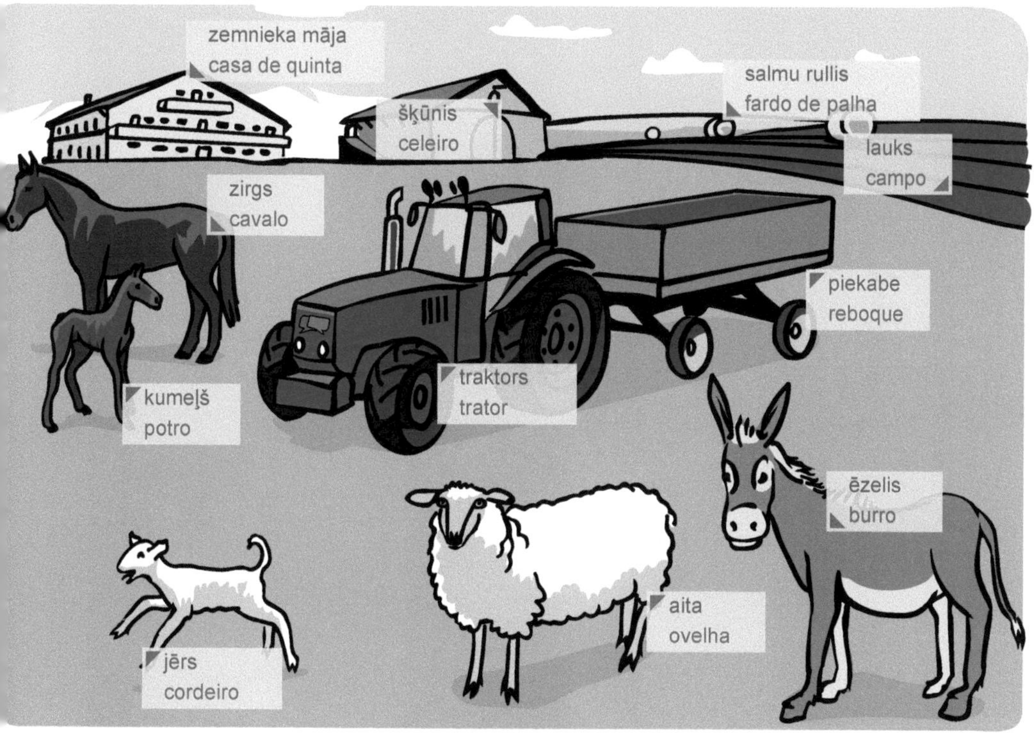
zemnieka māja
casa de quinta
šķūnis
celeiro
salmu rullis
fardo de palha
lauks
campo
zirgs
cavalo
piekabe
reboque
kumeļš
potro
traktors
trator
ēzelis
burro
aita
ovelha
jērs
cordeiro

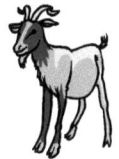

kaza
cabra

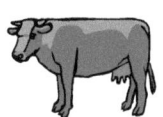

govs
vaca

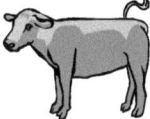

teļš
bezerro

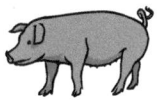

cūka
porco

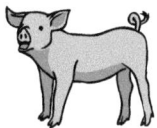

sivēns
leitão

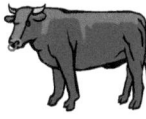

bullis
touro

zoss

ganso

pīle

pato

cālis

pintaínho

vista

galinha

gailis

galo

žurka

ratazana

kaķis

gato

pele

rato

vērsis

boi

suns

cão

suņa būda

casota

dārza šļūtene

mangueira de jardim

lejkanna

regador

izkapts

foice

arkls

arado

sirpis

foice

kaplis

enxada

mēslu dakša

forquilha

cirvis

machado

ķerra

carrinho de mão

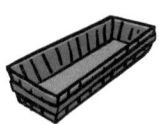

sile

manjedoura

piena kanna

jarro de leite

maiss

saco

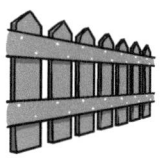

žogs

cerca

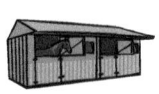

kūts

estábulo

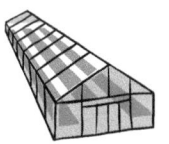

siltumnīca

estufa

augsne

solo

sēklas

semente

mēslojums

fertilizante

kombains

ceifeira-debulhadora

novākt ražu

colher

raža

colheita

jamss

inhame

kvieši

trigo

soja

soja

kartupelis

batata

kukurūza

milho

rapsis

colza

augļu koks

árvore de fruto

manioka

mandioca

labība

cereais

māja
casa

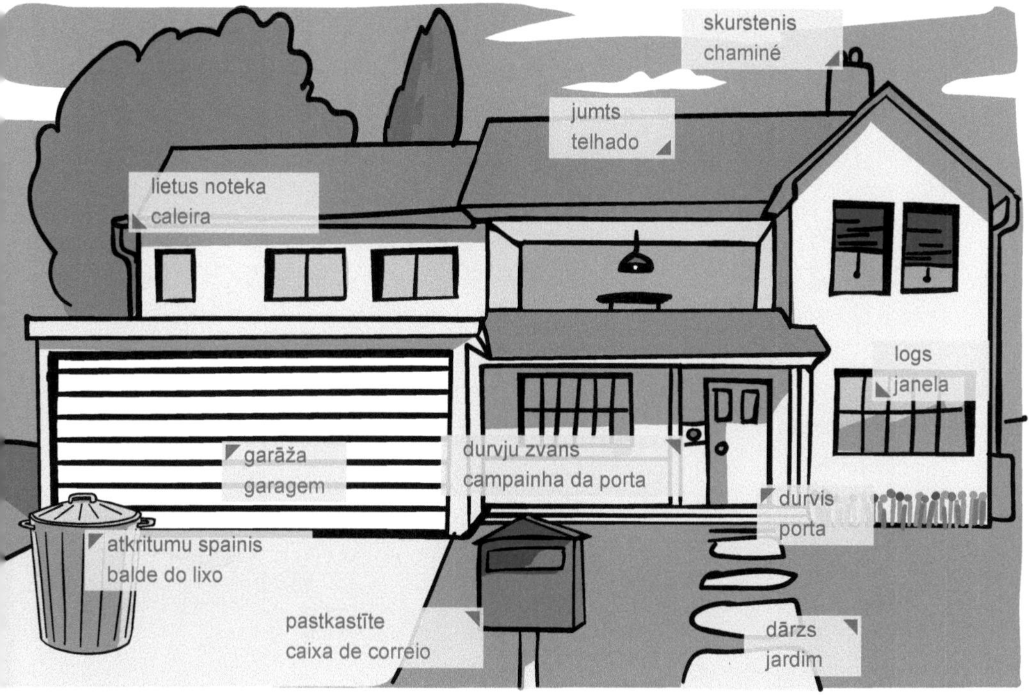
skurstenis
chaminé
jumts
telhado
lietus noteka
caleira
logs
janela
garāža
garagem
durvju zvans
campainha da porta
durvis
porta
atkritumu spainis
balde do lixo
pastkastīte
caixa de correio
dārzs
jardim

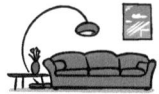

viesistaba
sala de estar

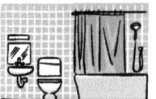

vannas istaba
casa de banho

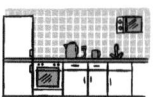

virtuve
cozinha

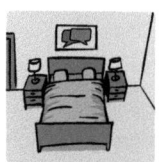

guļamistaba
quarto de dormir

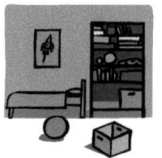

bērnu istaba
quarto de criança

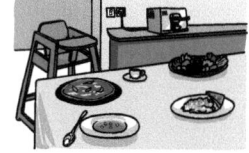

ēdamistaba
sala de jantar

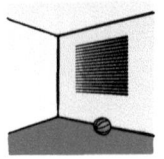

grīda
chão

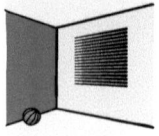

siena
parede

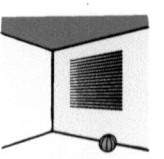

griesti
teto

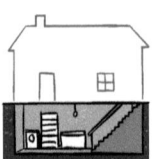

pagrabs
cave

sauna
sauna

balkons
varanda

terase
terraço

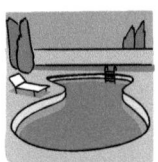

baseins
piscina

zāles pļāvējs
máquina de cortar relvado

gultas veļa
lençol

sega
cobertor

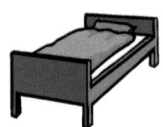

gulta
cama

slota
vassoura

spainis
balde

slēdzis
interruptor

viesistaba
sala de estar

tapetes
papel de parede
attēls
imagem
lampa
lâmpada
plaukts
prateleira
skapis
armário
televizors
televisão
kamīns
lareira
puķe
flor
spilvens
almofada
dīvāns
sofá
vāze
vaso
tālvadības pults
controlo remoto

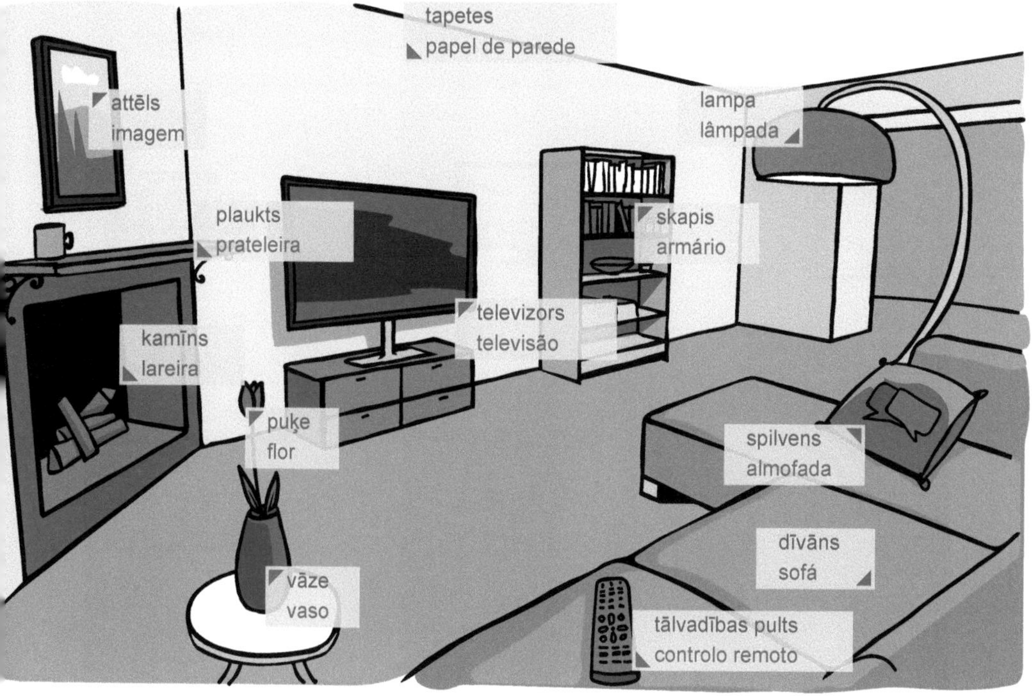

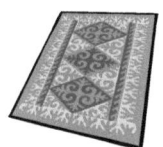

paklājs
tapete

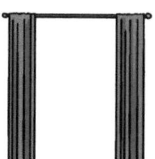

aizkars
cortina

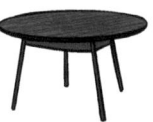

galds
mesa

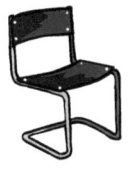

krēsls
cadeira

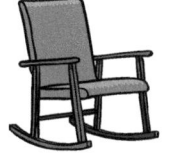

šūpuļkrēsls
cadeira de baloiço

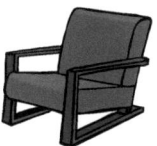

atpūtas krēsls
poltrona

grāmata

livro

sega

cobertor

dekorācija

decoração

malka

lenha

filma

filme

mūzikas centrs

sistema estéreo

atslēga

chave

avīze

jornal

glezna

pintura

plakāts

póster

radio

rádio

pierakstu blociņš

bloco de notas

putekļu sūcējs

aspirador

kaktuss

cato

svece

vela

virtuve
cozinha

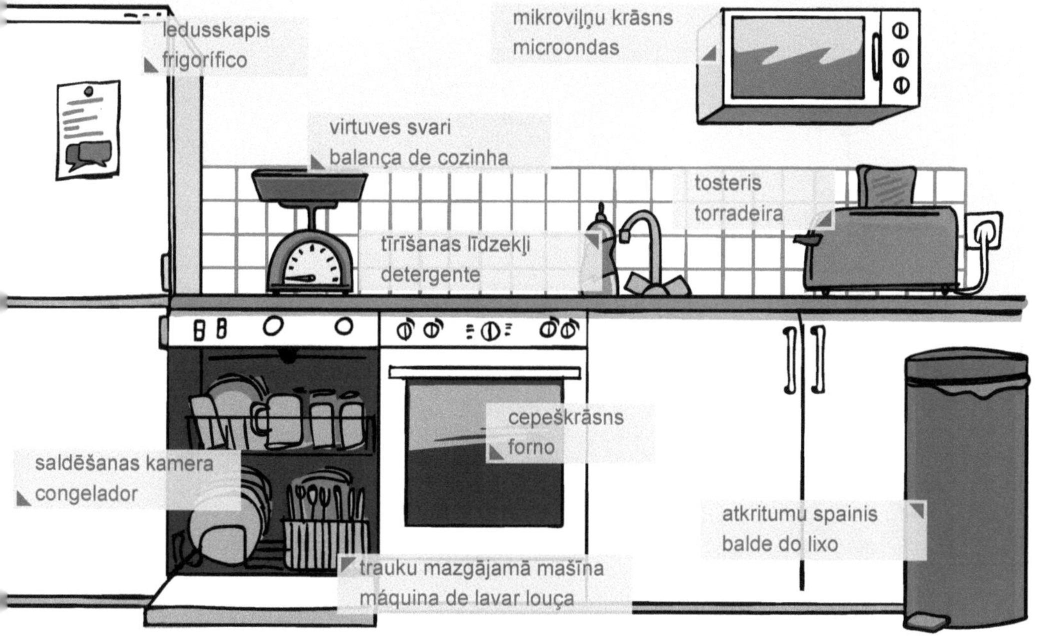
ledusskapis
frigorífico
mikroviļņu krāsns
microondas
virtuves svari
balança de cozinha
tosteris
torradeira
tīrīšanas līdzekļi
detergente
cepeškrāsns
forno
saldēšanas kamera
congelador
atkritumu spainis
balde do lixo
trauku mazgājamā mašīna
máquina de lavar louça

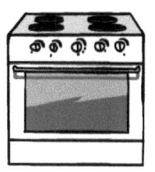

plīts

fogão

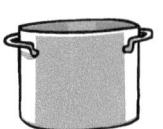

pods

panela

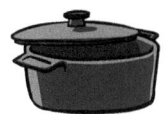

katls

panela de ferro

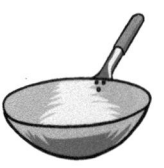

Wok panna

wok / kadai

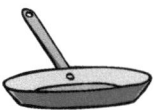

panna

frigideira

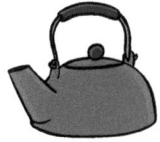

elektriskā tējkanna

chaleira

tvaika katls

panela a vapor

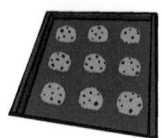

cepešpanna

tabuleiro de forno

trauki

louça

krūze

caneca

bļoda

tigela

irbulīši

pauzinhos

kauss

concha de sopa

lāpstiņa

espátula

putošanas slotiņa

batedor de claras

sietiņš

escorredor

siets

peneira

rīve

ralador

piesta

almofariz

grilēt

churrasqueira

atklāts pavards

lareira

dēlis

tábua de cortar

mīklas rullis

rolo da massa

korķu viļķis

saca-rolhas

bundža

lata

konservu nazis

abridor de latas

virtuves cimdi

luvas de forno

izlietne

lava-loiça

birste

escova

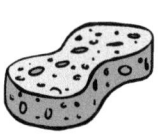

sūklis

esponja

mikseris

liquidificador

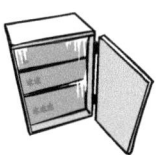

saldētava

arca frigorífica

bērna pudelīte

biberão

ūdenskrāns

torneira

vannas istaba

casa de banho

duša
chuveiro
apkure
aquecimento
dvielis
toalha
dušas aizkari
cortina de chuveiro
vannas putas
banho de espuma
vanna
banheira
glāze
copo
veļas mašīna
máquina de lavar roupa
ūdenskrāns
torneira
flīzes
azulejos
podiņš
penico
izlietne
lava-loiça

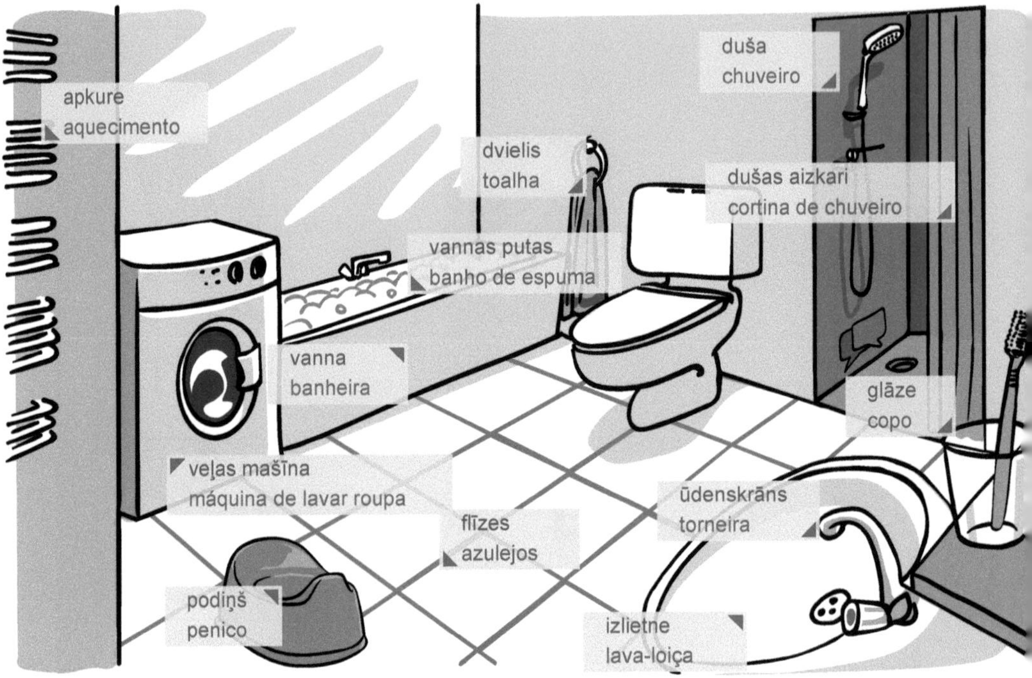

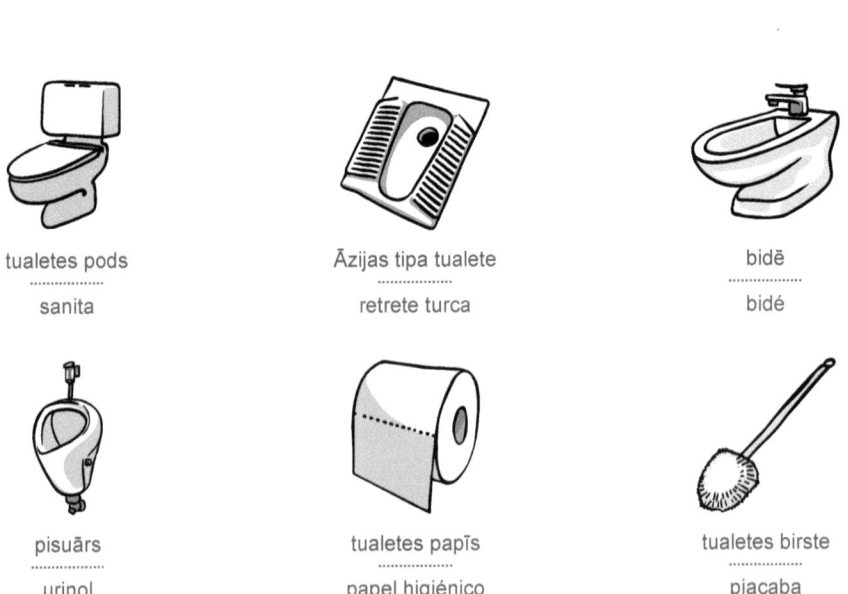

tualetes pods

sanita

Āzijas tipa tualete

retrete turca

bidē

bidé

pisuārs

urinol

tualetes papīs

papel higiénico

tualetes birste

piaçaba

zobu birste

escova de dentes

zobu pasta

pasta de dentes

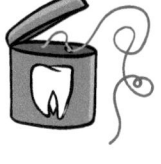

zobu diegs

fio dentário

mazgāt

lavar

rokas duša

chuveiro de mão

duša

duche íntimo

bļoda

bacia

muguras mazgāšanas birste

escova para as costas

ziepes

sabonete

dušas želeja

gel de banho

šampūns

champô

mazgāšanas drāna

toalha de rosto

noteka

escoamento

krēms

creme

dezodorants

desodorizante

spogulis

espelho

spogulītis

espelho de mão

skuveklis

máquina de barbear

skūšanās putas

creme de barbear

losjons pēc skūšanās

loção pós-barba

ķemme

pente

matu suka

escova

matu fēns

secador de cabelo

matu laka

spray de cabelo

grima komplekts

maquilhagem

lūpu krāsa

batom

nagulaka

verniz de unhas

vate

algodão

šķērītes

tesoura para unhas

smaržas

perfume

kosmētikas maks

nécessaire

ķeblītis

tamborete

svari

balança

halāts

roupão de banho

tīrīšanas cimdi

luvas de borracha

tampons

tampão

pakete

penso higiénico

ķīmiskā tualete

WC químico

bērnu istaba
quarto de criança

modinātājs
despertador
mīkstā rotaļlieta
peluche
spēļu automašīna
carro de brincar
grabulis
chocalho
leļļu māja
casa de bonecas
dāvana
presente

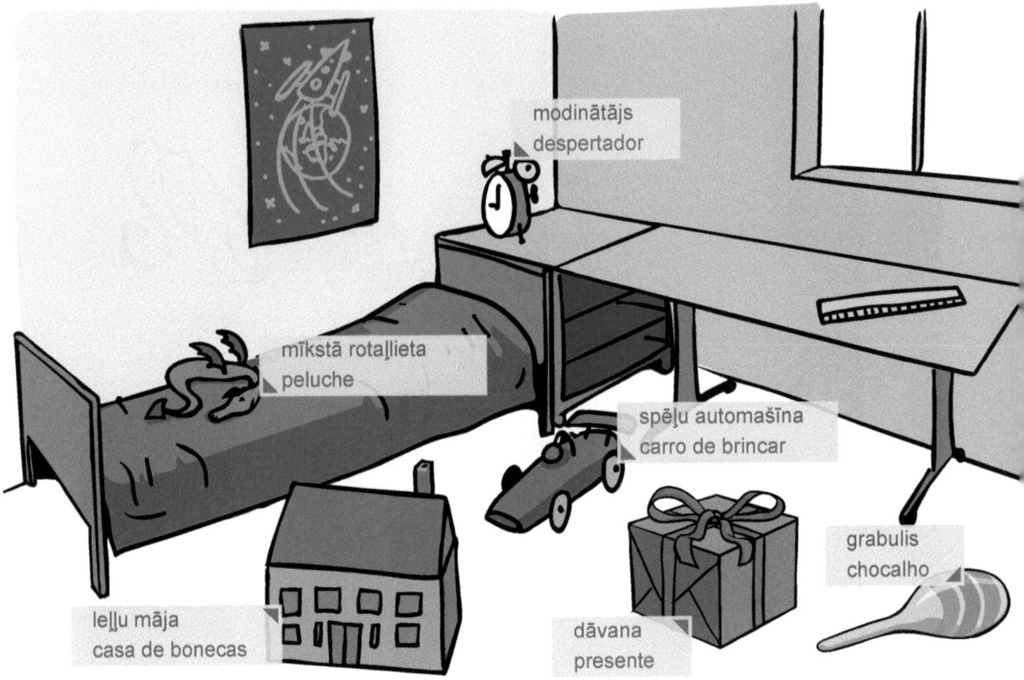

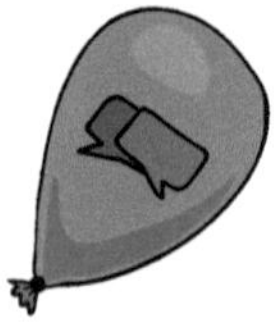

balons
balão

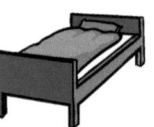

gulta
cama

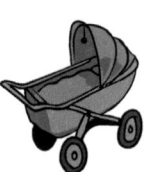

bērnu ratiņi
carrinho de bebé

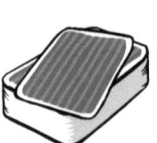

kārtis
jogo de cartas

puzle
quebra-cabeças

SUPER
MEGA

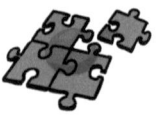

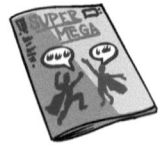

komikss
banda desenhada

LEGO klucīši

peças de Lego

klucīši

blocos de construção

varoņu figūra

figura de ação

rāpulītis

fato de bebé

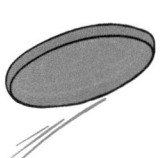

lidojošais šķīvītis

Frisbee

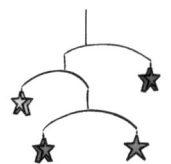

muzikālais karuselis

móbile para bebé

galda spēle

jogo de tabuleiro

metamais kauliņš

dados

rotaļu dzelzceļš

pista de comboio elétrico

māneklis

chupeta

ballīte

festa

bilžu grāmata

livro ilustrado

bumba

bola

lelle

boneca

spēlēt

jogar

smilšu kaste

caixa de areia

šūpoles

baloiço

rotaļlietas

brinquedos

spēļu konsole

consola de jogos

trīsritenis

triciclo

plīša lācītis

ursinho de peluche

drēbju skapis

guarda-roupa

apģērbs

vestuário

īszeķes

meias

zeķes

meias pelo joelho

zeķbikses

meias-calças

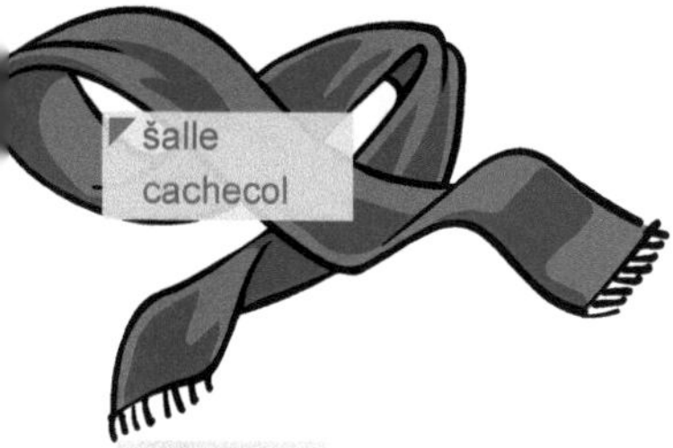

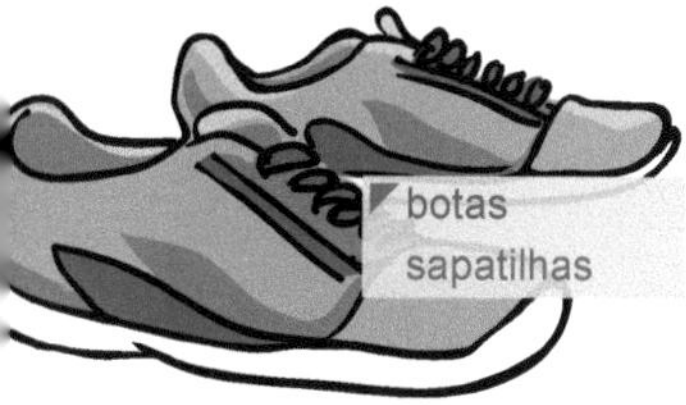

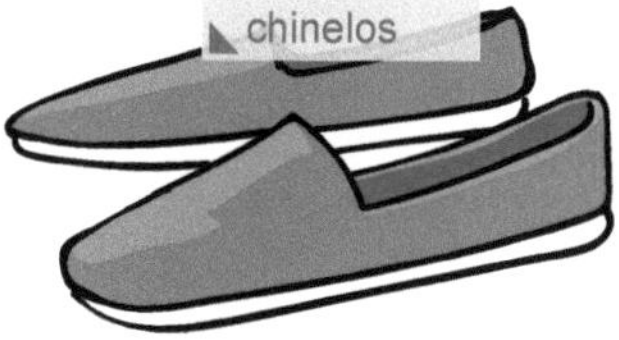

šalle
cachecol

siksna
cinto

lietussargs
guarda-chuva

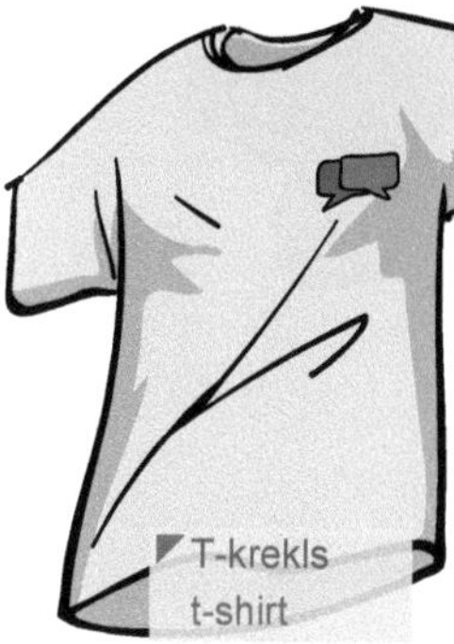

T-krekls
t-shirt

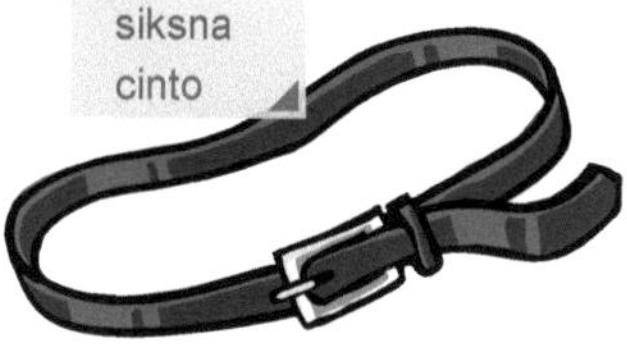

zābaks
botas

čības
chinelos

botas
sapatilhas

sandales	kurpes	gumijas zābaki
sandálias	sapatos	botas de borracha

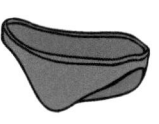 sandales / sandálias

 kurpes / sapatos

 gumijas zābaki / botas de borracha

apakšbikses
cuecas

krūšturis
sutiã

apakškrekls
camisola interior

bodijs

body

bikses

calças

džinsi

calças de ganga

svārki

saia

blūze

blusa

krekls

camisa

pulovers

pulôver

džemperis

camisola com capuz

žakete

blazer

jaka

casaco

mētelis

manto

lietus mētelis

gabardina

kostīms

traje

kleita

vestido

kāzu kleita

vestido de casamento

uzvalks

fato

naktskrekls

camisa de dormir

pidžama

pijama

sari

sari

lakats

lenço de cabeça

turbāns

turbante

burka

burca

kaftāns

cafetã

abaja

abaya

peldkostīms

fato de banho

peldbikses

calções de banho

šorti

calções

treniņtērps

fato de treino

priekšauts

avental

cimdi

luvas

apģērbs - vestuário

poga

botão

brilles

óculos

rokassprādze

pulseira

kaklarota

colar

gredzens

anel

auskars

brinco

cepure

boné

drēbju pakaramais

cabide

platmale

chapéu

kaklasaite

gravata

rāvējslēdzējs

fecho de correr

ķivere

capacete

bikšturi

suspensórios

skolas forma

uniforme escolar

uniforma

uniforme

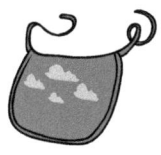

priekšautiņš

babete

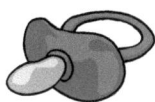

māneklis

chupeta

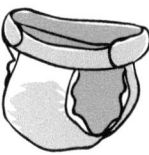

autiņbiksītes

fralda

birojs

escritório

serveris
servidor
dokumentu skapis
armário de arquivo
printeris
impressora
papīrs
papel
monitors
ecrã
rakstāmgalds
secretária
pele
rato
dokumentu vāki
pasta
klaviatūra
teclado
papīrgrozs
cesto de lixo
dators
computador
krēsls
cadeira

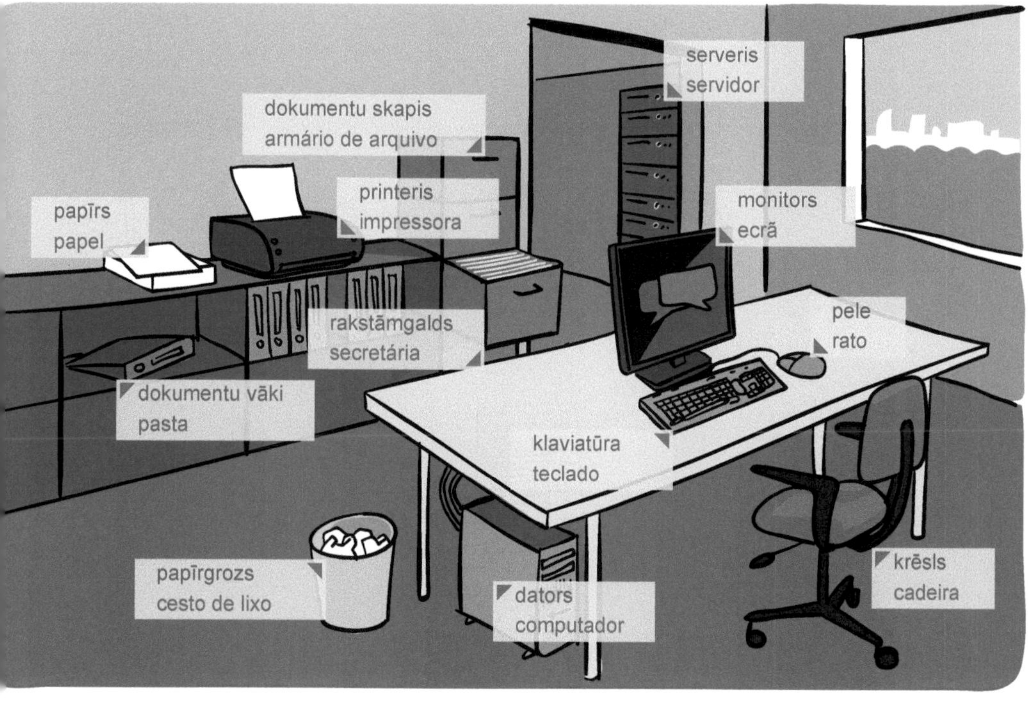

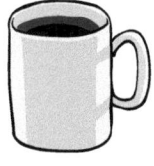

kafijas krūze

caneca de café

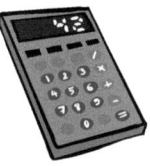

kalkulators

calculadora

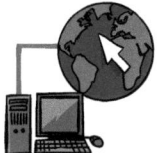

internets

internet

portatīvais dators
computador portátil

vēstule
carta

ziņa
mensagem

mobilais tālrunis
telemóvel

tīkls
rede

kopētājs
fotocopiadora

programmatūra
software

telefons
telefone

rozete
tomada elétrica

faksa aparāts
fax

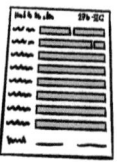

formulārs
formulário

dokuments
documento

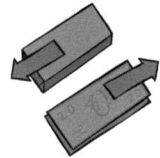

pirkt
comprar

samaksāt
pagar

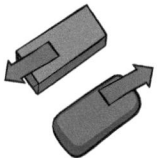

tirgot
negociar

nauda
dinheiro

USD

dolārs
dólar

EUR

eiro
euro

JPY

jēna
yen

RUB

rublis
rublo

CHF

franks
franco suíço

CNY

juaņa renminbi
renminbi yuan

INR

rūpija
rupia

bankomāts
caixa de multibanco

valūtas maiņas punkts

casa de câmbio

zelts

ouro

sudrabs

prata

nafta

petróleo

enerģija

energia

cena

preço

līgums

contrato

nodoklis

imposto

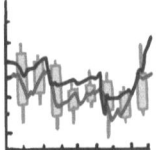

akcija

ação

strādāt

trabalhar

darbinieks

empregado

darba devējs

entidade patronal

fabrika

fábrica

veikals

loja

profesijas
profissões

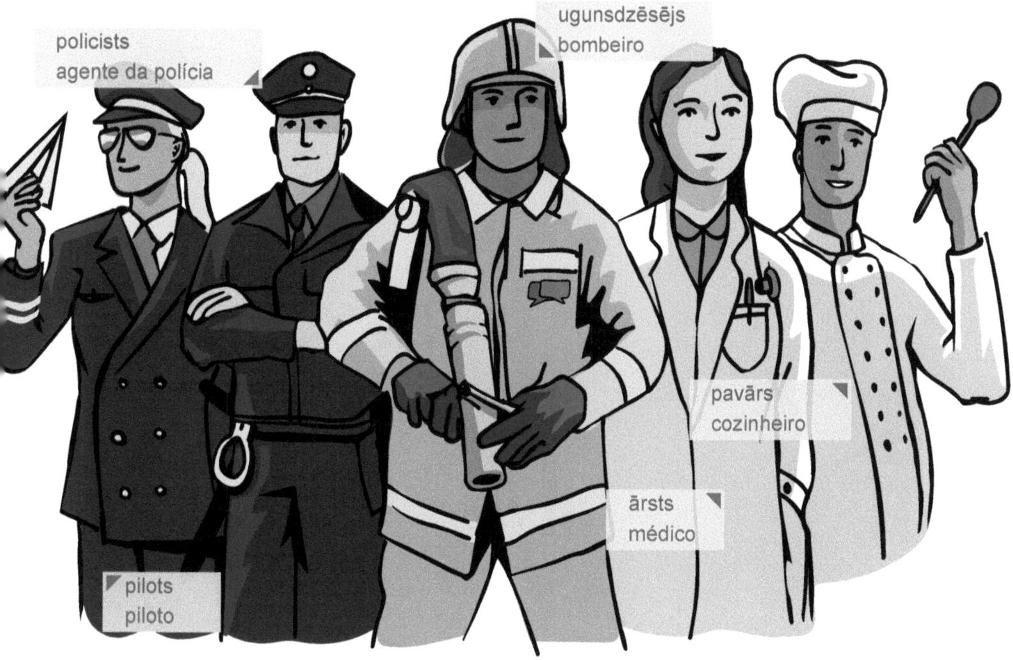

policists
agente da polícia
ugunsdzēsējs
bombeiro
pavārs
cozinheiro
ārsts
médico
pilots
piloto

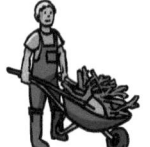

dārznieks

jardineiro

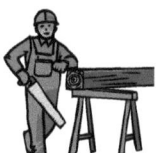

galdnieks

carpinteiro

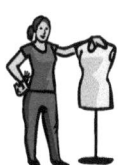

šuvēja

costureira

tiesnesis

juiz

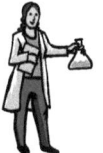

ķīmiķis

químico

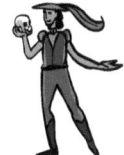

aktieris

ator

autobusa vadītājs	taksometra vadītājs	zvejnieks
motorista de autocarro	motorista de táxi	pescador

apkopēja	jumiķis	viesmīlis
empregada de limpeza	telhador	empregado de mesa

mednieks	gleznotājs	maiznieks
caçador	pintor	padeiro

elektriķis	celtnieks	inženieris
eletricista	construtor	engenheiro

miesnieks	skārdnieks	pastnieks
talhante	canalizador	carteiro

karavīrs

soldado

arhitekts

arquiteto

kasieris

caixa

florists

florista

frizieris

cabeleireiro

konduktors

controlador de bilhetes

mehāniķis

mecânico

kapteinis

capitão

zobārsts

dentista

zinātnieks

cientista

rabīns

rabino

imāms

imã

mūks

monge

mācītājs

pastor

instrumenti
ferramentas

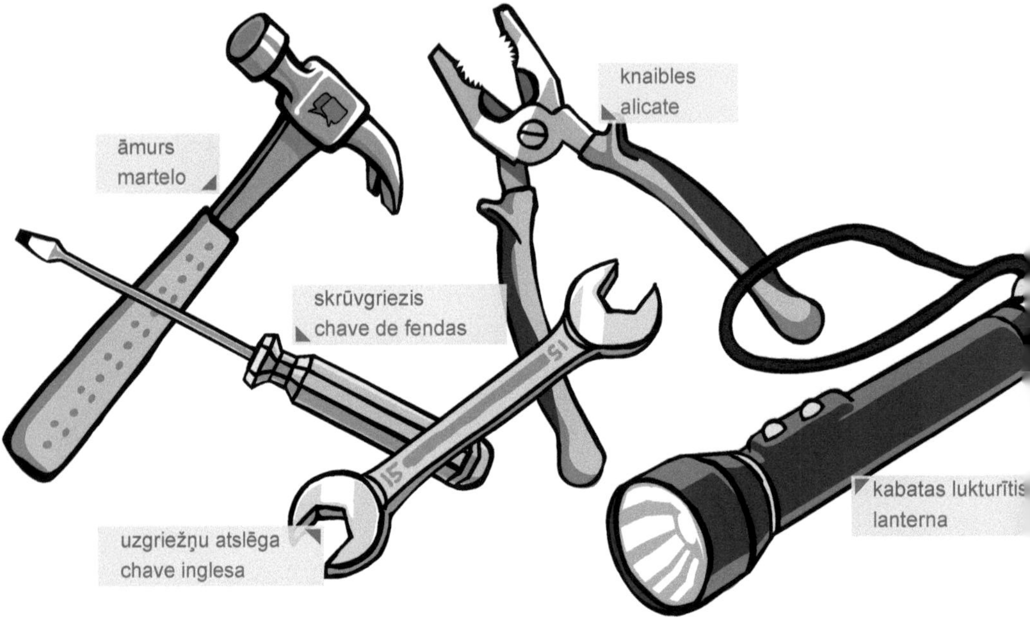

knaibles
alicate
āmurs
martelo
skrūvgriezis
chave de fendas
kabatas lukturītis
lanterna
uzgriežņu atslēga
chave inglesa

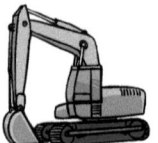

ekskavators

escavadora

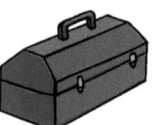

instrumentu kaste

caixa de ferramentas

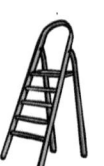

kāpnes

escadote

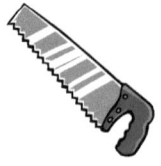

zāģis

serra

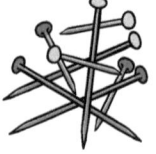

naglas

pregos

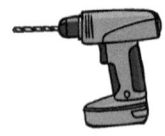

urbis

broca

remontēt
....
reparar

lāpsta
....
pá

Velns!
....
porcaria!

liekšķere
....
pá de lixo

krāsas bundža
....
pote de tinta

skrūves
....
parafusos

mūzikas instrumenti
instrumentos musicais

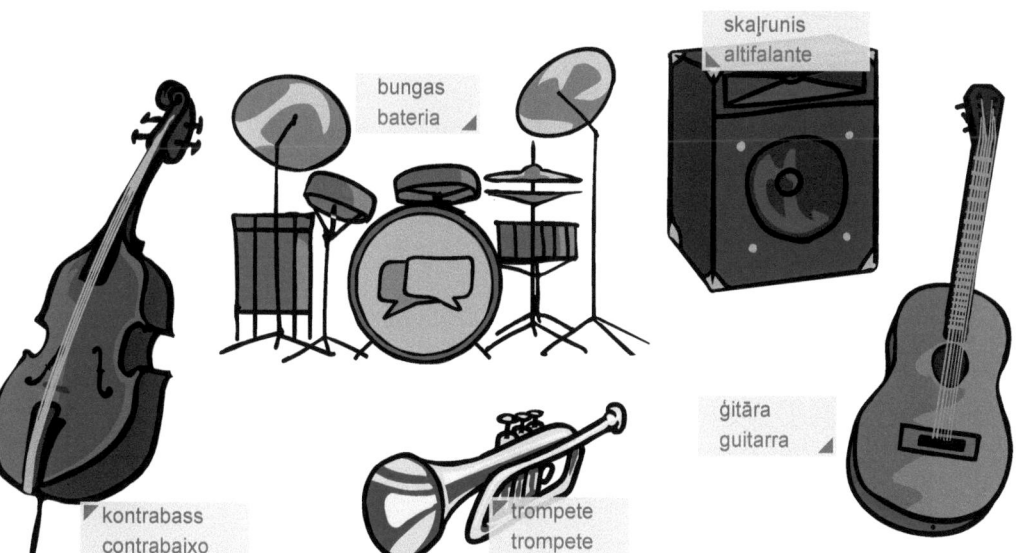

skaļrunis
altifalante

bungas
baterija

kontrabass
contrabaixo

trompete
trompete

ģitāra
guitarra

klavieres

piano

vijole

violino

bass

baixo

timpāni

timbales

bungas

tambor

digitālās klavieres

teclado

saksofons

saxofone

flauta

flauta

mikrofons

microfone

zooloģiskais dārzs
jardim zoológico

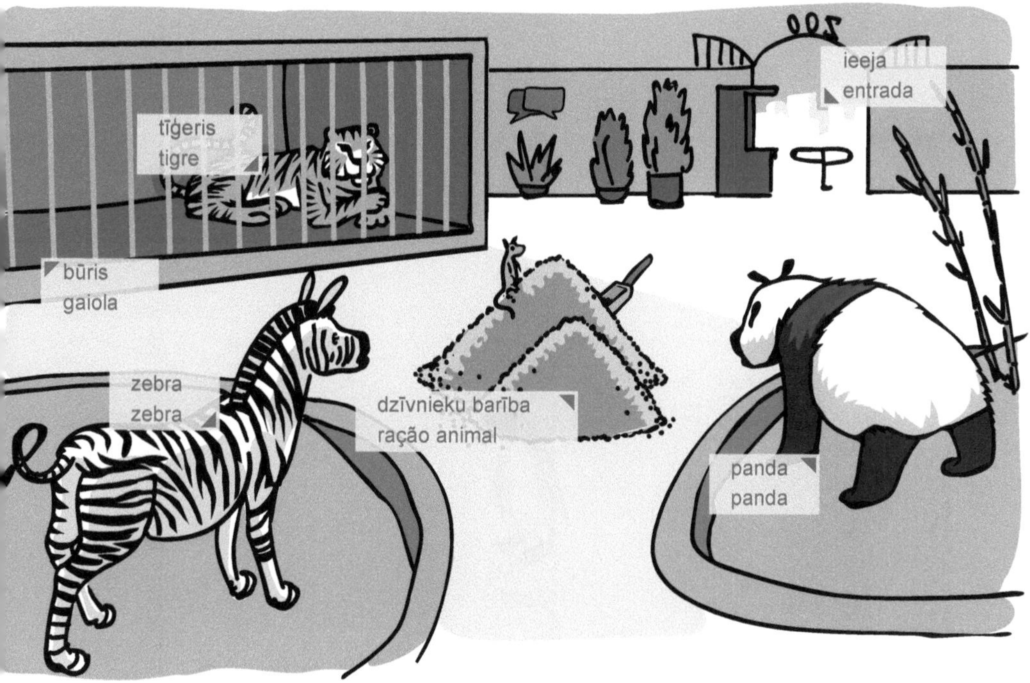
zoo
tīģeris
tigre
ieeja
entrada
būris
gaiola
zebra
zebra
dzīvnieku barība
ração animal
panda
panda

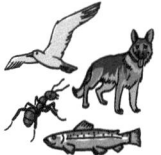

dzīvnieki

animais

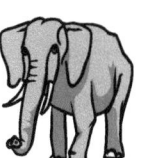

zilonis

elefante

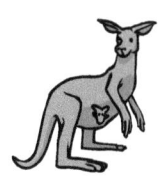

ķengurs

canguru

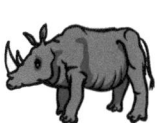

degunradzis

rinoceronte

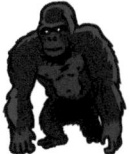

gorilla

gorila

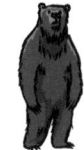

lācis

urso

kamielis

camelo

strauss

avestruz

lauva

leão

pērtiķis

macaco

flamings

flamingo

papagailis

papagaio

polārlācis

urso polar

pingvīns

pinguim

haizivs

tubarão

pāvs

pavão

čūska

cobra

krokodils

crocodilo

zoodārza sargs

guarda do jardim zoológico

ronis

foca

jaguārs

jaguar

ponijs

pónei

leopards

leopardo

nīlzirgs

hipopótamo

žirafe

girafa

ērglis

águia

meža cūka

javali

zivs

peixe

bruņurupucis

tartaruga

valzirgs

morsa

lapsa

raposa

gazele

gazela

amerikāņu futbols
futebol americano

riteņbraukšana
ciclismo

teniss
ténis

basketbols
basquetebol

peldēšana
natação

hokejs
hóquei no gelo

bokss
boxe

futbols
futebol

badmintons
badminton

vieglatlētika
atletismo

rokas bumba
andebol

slēpošana
esqui

polo
polo

smieties
rir

lēkt
saltar

apskaut
abraçar

iet
andar

dziedāt
cantar

sapņot
sonhar

lūgt
rezar

skūpstīt
beijar

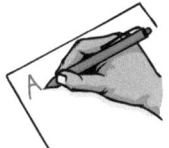

rakstīt

escrever

zīmēt

desenhar

rādīt

mostrar

spiest

empurrar

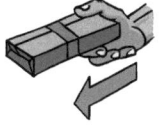

dot

dar

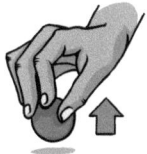

ņemt

tomar

būt
ter

darīt
fazer

būt
ser

stāvēt
ficar de pé

skriet
correr

vilkt
puxar

mest
remessar

krist
cair

gulēt
deitar

gaidīt
esperar

nest
carregar

sēdēt
sentar

uzģērbt
vestir

gulēt
dormir

pamosties
acordar

skatīties

olhar para

raudāt

chorar

glāstīt

acariciar

ķemmēt

pentear

runāt

falar

saprast

compreender

jautāt

perguntar

dzirdēt

ouvir

dzert

beber

ēst

comer

sakārtot

arrumar

mīlēt

amar

vārīt

cozinhar

braukt

conduzir

lidot

voar

burot

velejar

rēķināt

calcular

lasīt

ler

mācīties

aprender

strādāt

trabalhar

precēties

casar

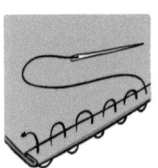

šūt

costurar

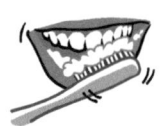

tīrīt zobus

escovar os dentes

nogalināt

matar

smēķēt

fumar

sūtīt

enviar

vecāmāte
avó

vectēvs
avô

tēvs
pai

māte
mãe

mazulis
bebé

meita
filha

dēls
filho

viesis

convidado

tante

tia

onkulis

tio

brālis

irmão

māsa

irmã

ķermenis

corpo

piere
testa
acs
olho
plecs
ombro
pirksts
dedo
seja
cara
zods
queixo
roka
mão
kāja
perna
krūtis
peito
roka
braço

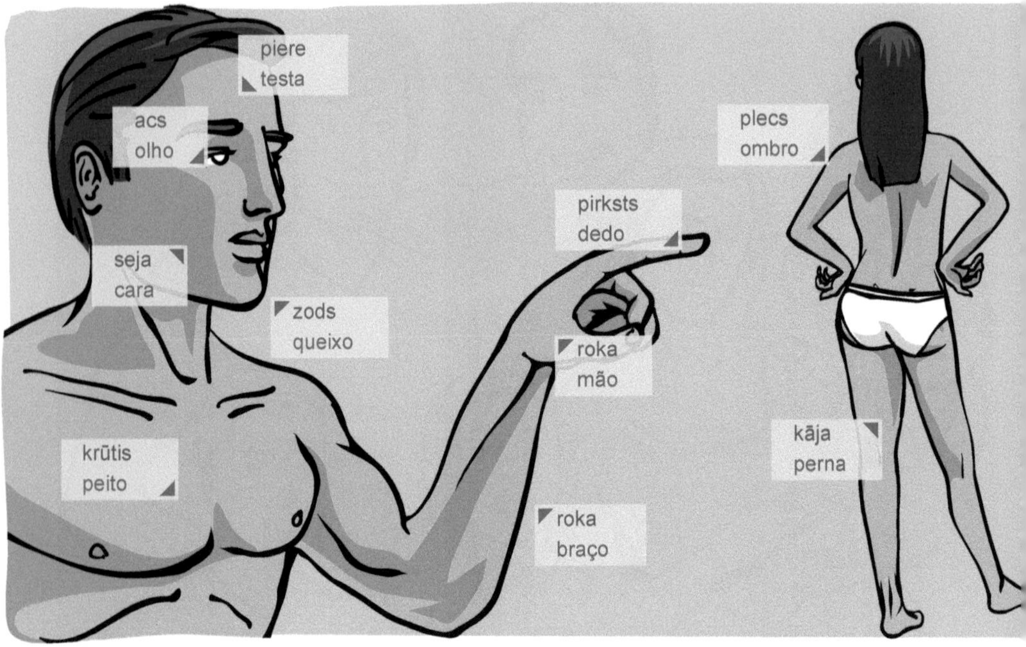

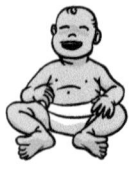

mazulis

bebé

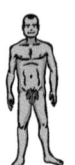

vīrietis

homem

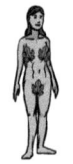

sieviete

mulher

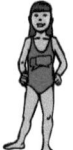

meitene

menina

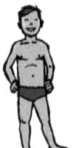

zēns

menino

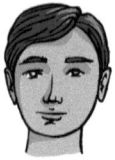

galva

cabeça

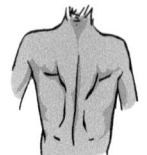

mugura

costas

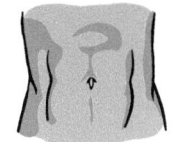

vēders

barriga

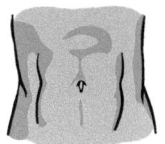

naba

umbigo

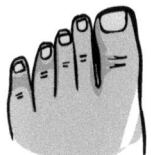

kājas pirksts

dedo do pé

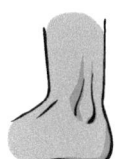

papēdis

calcanhar

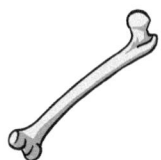

kauls

osso

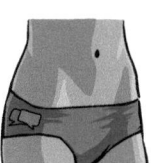

gurns

anca

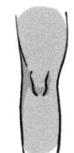

celis

joelho

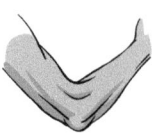

elkonis

cotovelo

deguns

nariz

dibens

nádegas

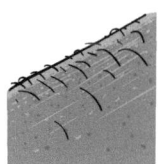

āda

pele

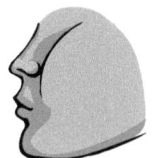

vaigs

bochecha

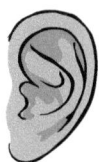

auss

orelha

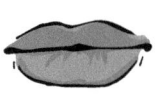

lūpa

lábio

mute

boca

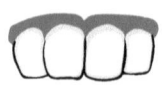

zobs

dente

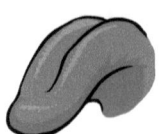

mēle

língua

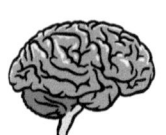

smadzenes

cérebro

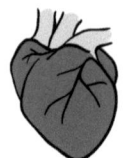

sirds

coração

muskulis

músculo

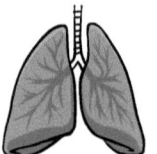

plaušas

pulmão

aknas

fígado

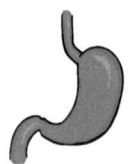

kuņģis

estômago

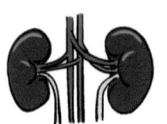

nieres

rins

dzimumakts

relações sexuais

kondoms

preservativo

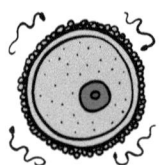

olšūna

óvulo

sperma

esperma

grūtniecība

gravidez

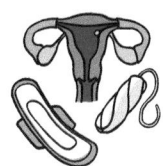

menstruācijas

menstruação

vagīna

vagina

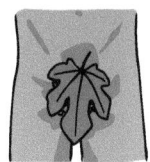

penis

pénis

uzacs

sobrancelha

mati

cabelo

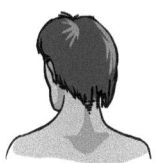

kakls

pescoço

slimnīca
hospital

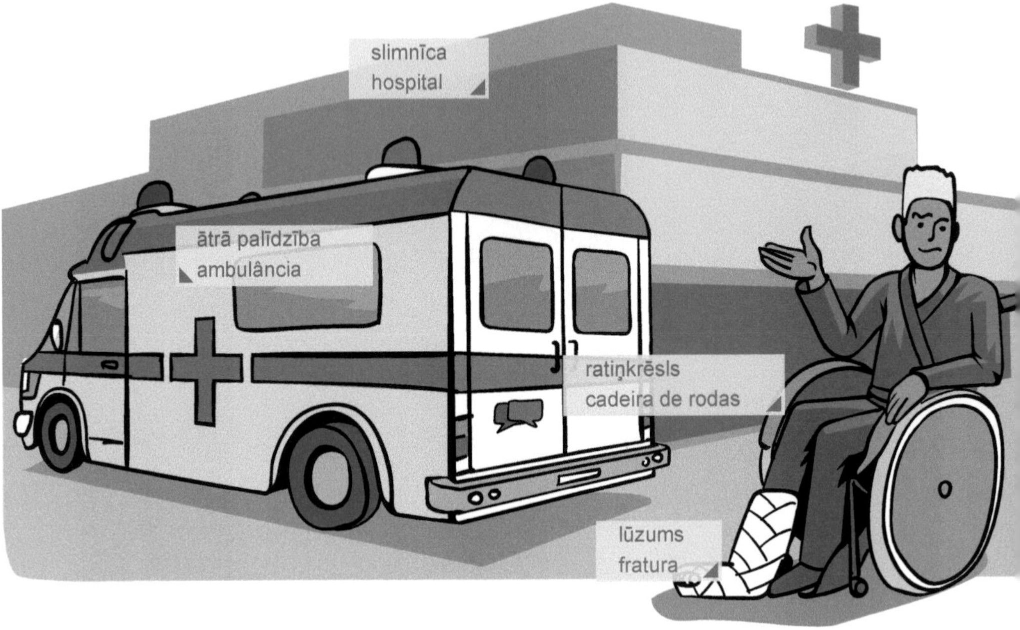

slimnīca
hospital
ātrā palīdzība
ambulância
ratiņkrēsls
cadeira de rodas
lūzums
fratura

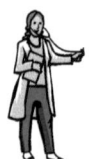

ārsts

médico

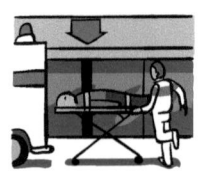

neatliekamās palīdzības nodaļa

serviço de urgências

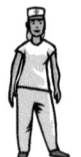

medmāsa

enfermeira

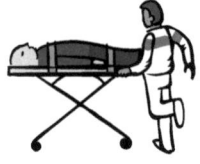

ārkārtas gadījums

emergência

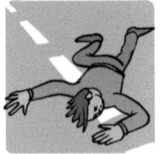

paģībis

inconsciente

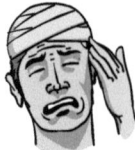

sāpes

dor

ievainojums

ferimento

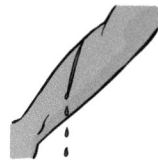

asiņošana

hemorragia

sirdslēkme

ataque cardíaco

insults

acidente vascular cerebral

alerģija

alergia

klepus

tosse

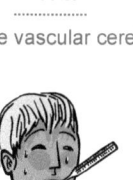

temperatūra

febre

gripa

gripe

caureja

diarreia

galvassāpes

dor de cabeça

vēzis

cancro

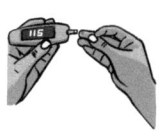

diabēts

diabetes

ķirurgs

cirurgião

skalpelis

bisturi

operācija

operação

datortomogrāfija

CT

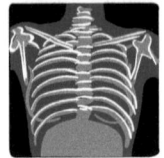

rentgents

raio x

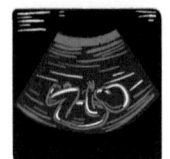

ultraskaņa

ultrassom

sejas maska

máscara

slimība

doença

uzgaidāmā telpa

sala de espera

kruķis

muleta

plāksteris

penso rápido

apsējs

ligadura

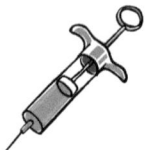

injekcija

injeção

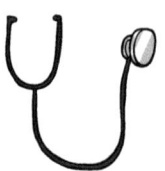

stetoskops

estetoscópio

nestuves

maca

termometrs

termómetro

dzemdības

nascimento

liekais svars

excesso de peso

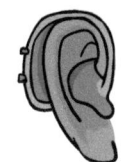

dzirdes aparāts

aparelho auditivo

dezinfekcijas līdzeklis

desinfetante

infekcija

infeção

vīruss

vírus

HIV / AIDS

HIV / SIDA

zāles

medicamento

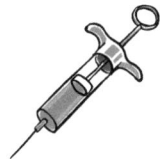

pote

vacinação

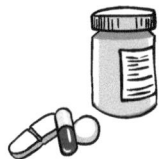

tabletes

comprimidos

pretapaugļošanās tablete

pílula

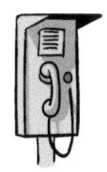

ārkārtas izsaukums

chamada de emergência

asinsspiediena mērītājs

dispositivo de medição de pressão arterial

slims / vesels

doente / saudável

Palīgā!

Socorro!

trauksme

alarme

uzbrukums

assalto

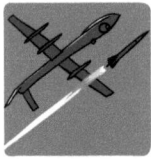

uzbrukums

ataque

bīstamība

perigo

avārijas izeja

saída de emergência

Uguns!

Fogo!

ugunsdzēšamais aparāts

extintor de incêndios

negadījums

acidente

pirmās palīdzības aptieciņa

estojo de primeiros socorros

SOS

SOS

policija

polícia

Eiropa

Europa

Ziemeļamerika

América do Norte

Dienvidamerika

América do Sul

Āfrika

África

Āzija

Ásia

Austrālija

Austrália

Atlantijas okeāns

Atlântico

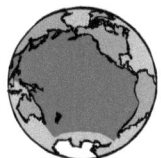

Klusais okeāns

Pacífico

Indijas okeāns

Oceano Índico

Dienvidu okeāns

Oceano Antártico

Ziemeļu ledus okeāns

Oceano Ártico

Ziemeļpols

Polo Norte

Dienvidpols
Polo Sul

Antarktika
Antártica

zeme
terra

zeme
país

jūra
mar

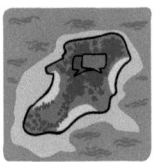

sala
ilha

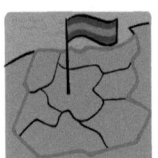

nācija
nação

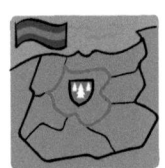

valsts
estado

ciparnīca

mostrador do relógio

stundu rādītājs

ponteiro das horas

minūšu rādītājs

ponteiro dos minutos

sekunžu rādītājs

ponteiro dos segundos

Cik ir pulkstenis?

Que horas são?

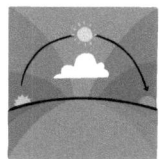

diena

dia

laiks

tempo

tagad

agora

digitālais pulkstenis

relógio digital

minūte

minuto

stunda

hora

nedēļa
semana

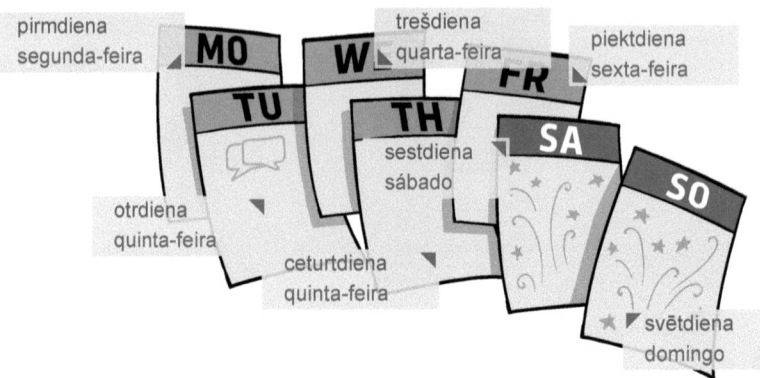

pirmdiena
segunda-feira

trešdiena
quarta-feira

piektdiena
sexta-feira

otrdiena
quinta-feira

sestdiena
sábado

ceturtdiena
quinta-feira

svētdiena
domingo

vakardien

ontem

šodien

hoje

rītdien

amanhã

rīts

manhã

pusdienlaiks

meio-dia

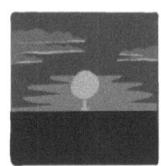

vakars

entardecer

darbadienas

dias úteis

brīvdienas

fim de semana

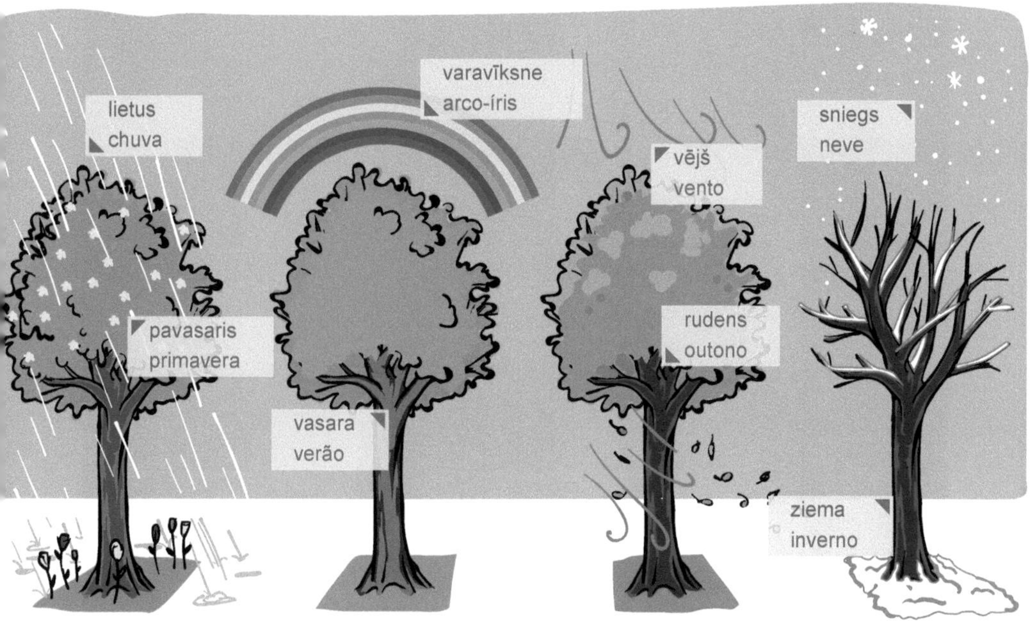

lietus
chuva
varavīksne
arco-íris
vējš
vento
sniegs
neve
pavasaris
primavera
rudens
outono
vasara
verão
ziema
inverno

4.APRIL 11°
5.APRIL 4°
6.APRIL 13°
7.APRIL 8°
8.APRIL 10°

laika prognoze

previsão do tempo

F C
120 90 60 30 0 -30
40 30 20 10 0 -10 -20

termometrs

termómetro

saules gaisma

raios de sol

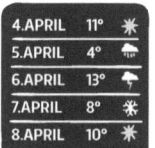

mākonis

nuvem

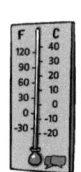

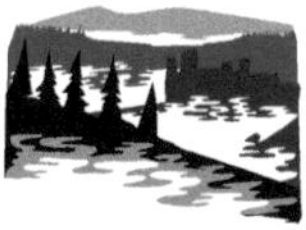

migla

neblina / nevoeiro

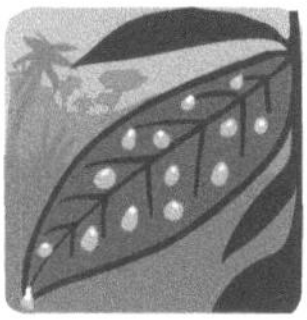

gaisa mitrums

humidade do ar

zibens

relâmpago

pērkons

trovão

vētra

tempestade

krusa

granizo

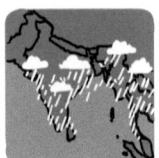

musons

monção

plūdi

inundação

ledus

gelo

janvāris

janeiro

februāris

fevereiro

marts

março

aprīlis

abril

maijs

maio

jūnijs

junho

jūlijs

julho

augusts

agosto

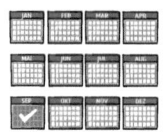

septembris
....
setembro

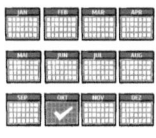

oktobris
....
outubro

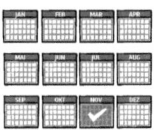

novembris
....
novembro

decembris
....
dezembro

formas
formas

aplis
....
círculo

kvadrāts
....
quadrado

četrstūris
....
retângulo

trīsstūris
....
triângulo

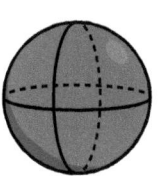

lode
....
esfera

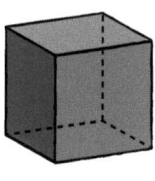

kubs
....
cubo

balts
....
branco

dzeltens
....
amarelo

oranžs
....
laranja

sārts
....
rosa

sarkans
....
vermelho

lillā
....
lilás

zils
....
azul

zaļš
....
verde

brūns
....
castanho

pelēks
....
cinzento

melns
....
preto

daudz / maz

muito / pouco

saniknots / miermīlīgs

furioso / calmo

skaists / neglīts

lindo / feio

sākums / beigas

princípio / fim

liels / mazs

grande / pequeno

gaišs / tumšs

claro / escuro

brālis / māsa

irmão / irmã

tīrs / netīrs

limpo / sujo

pilnīgs / nepilnīgs

completo / incompleto

diena / nakts

dia / noite

miris / dzīvs

morto / vivo

plats / šaurs

largo / estreito

baudāms / nebaudāms

comestível / não comestível

nikns / laipns

mau / gentil

satraukts / garlaikots

entusiasmado / entediado

resns / tievs

gordo / magro

pirmais /pēdējais

primeiro / último

draugs / ienaidnieks

amigo / inimigo

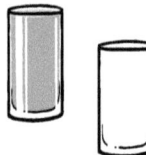

pilns / tukšs

cheio / vazio

ciets / mīksts

duro / macio

smags / viegls

pesado / leve

izsalkums / slāpes

fome / sede

slims / vesels

doente / saudável

nelegāls / legāls

ilegal / legal

inteliģents / dumjš

inteligente / burro

kreisais / labais

esquerda / direita

tuvu / tālu

perto / longe

jauns / lietots

novo / usado

nekas / kaut kas

nada / algo

vecs / jauns

velho / jovem

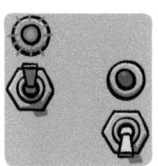

ieslēgts / izslēgts

ligado / desligado

atvērts / slēgts

aberto / fechado

kluss / skaļš

baixo / alto

bagāts / nabags

rico / pobre

pareizi / nepareizi

certo / errado

raupjš / gluds

áspero / liso

noskumis / laimīgs

triste / feliz

īss / garš

curto / longo

lēns / ātrs

lento / rápido

slapjš / sauss

molhado / seco

silts / vēss

ameno / fresco

karš / miers

guerra / paz

0	**1**	**2**
nulle	viens	divi
zero	um	dois

3	**4**	**5**
trīs	četri	pieci
três	quatro	cinco

6	**7**	**8**
seši	septiņi	astoņi
seis	sete	oito

9	**10**	**11**
deviņi	desmit	vienpadsmit
nove	dez	onze

12
divpadsmit
doze

13
trīspadsmit
treze

14
četrpadsmit
catorze

15
piecpadsmit
quinze

16
sešpadsmit
dezasseis

17
septiņpadsmit
dezassete

18
astoņpadsmit
dezoito

19
deviņpadsmit
dezanove

20
divdesmit
vinte

100
simts
cem

1.000
tūkstotis
mil

1.000.000
miljons
milhão

anglu
....
inglês

amerikāņu angļu
....
inglês americano

ķīniešu mandarīnu valoda
....
chinês mandarim

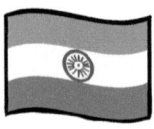

hindi
....
hindi

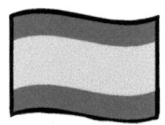

spāņu
....
espanhol

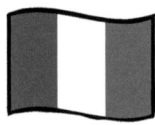

franču
....
francês

arābu
....
árabe

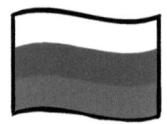

krievu
....
russo

portugāļu
....
português

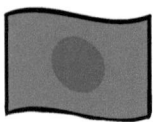

bengāļu
....
bengalês

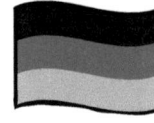

vācu
....
alemão

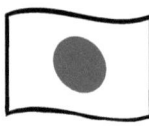

japāņu
....
japonês

es

eu

tu

tu

viņš / viņa

ele / ela

mēs

nós

jūs

vós

viņi / viņas

eles / elas

kas?

quem?

ko?

o quê?

kā?

como?

kur?

onde?

kad?

quando?

vārds

nome

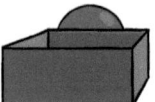

aiz

atrás

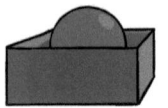

iekšā

em

priekšā

à frente de

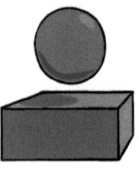

virs

sobre

uz

em cima

zem

debaixo

blakus

ao lado

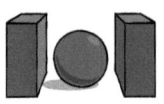

starp

entre

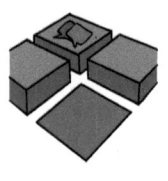

vieta

lugar